DIVE LOG BOOK

Start date _____

End date _____

PERSONAL INFORMATION

THIS LOGBOOK BELONGS TO

Name
Address

Phone
Email
Diver #

EMERGENCY CONTACT

Name
Address
Phone
Email
Relationship ☐ father ☐ mother ☐ brother ☐ sister ☐ other

MEDICAL INFORMATION

Blood type
Allergies

Medication

INSURANCE INFORMATION

Company
Policy number
Phone

CERTIFICATIONS

Course _____
Certification date _____
Instructor _____ Number _____

Course _____
Certification date _____
Instructor _____ Number _____

Course _____
Certification date _____
Instructor _____ Number _____

Course _____
Certification date _____
Instructor _____ Number _____

Course _____
Certification date _____
Instructor _____ Number _____

Course _____
Certification date _____
Instructor _____ Number _____

dive no.			location
date			dive site

- In _____ ☐ bar ☐ psi
- Out _____
- ☐ steel ☐ aluminum
- ☐ kg ☐ lbs _____
- O² % _____
- ☐ dry suit
- ☐ wetsuit _____ mm
- ☐ shorty
- surface _____ ☐ °C ☐ °F
- water _____

☐ gloves ☐ boots ☐ hood | ☐ salt ☐ fresh | visibility _____ ☐ m ☐ ft

- time in
- ___ / ___ safety stop (min / m/f)
- time out
- ☐ m ☐ ft avg depth
- bottom time
- ☐ m ☐ ft max depth
- dive time to date

☐ ☐ ☐ ☐ (sun / partly cloudy / cloudy / rain)

☐ boat ☐ day
☐ shore ☐ night

current ☐ ☐ ☐ ☐ ☐
waves ☐ ☐ ☐ ☐ ☐

NOTES

_____
_____
_____
_____
_____
_____
_____
_____
_____

dive center stamp | ☐ instructor ☐ ai/dm ☐ buddy

dive no.		location
date		dive site

In _____ ☐ bar ☐ psi
Out _____
☐ steel ☐ aluminum

☐ kg ☐ lbs

O^2 %

☐ dry suit
☐ wetsuit _____ mm
☐ shorty

surface _____ ☐ °C ☐ °F
water _____

☐ gloves ☐ boots ☐ hood | ☐ salt ☐ fresh | visibility _____ ☐ m ☐ ft

time in | _____ / _____ min m/f safety stop | time out
☐ m ☐ ft avg depth | bottom time | ☐ m ☐ ft max depth | dive time to date

☐ ☐ ☐ ☐ | ☐ boat ☐ day ☐ shore ☐ night | current ☐☐☐☐☐ waves ☐☐☐☐☐

NOTES

---

dive center stamp | ☐ instructor ☐ ai/dm ☐ buddy

Dive Log

dive no.	location
date	dive site

Tank / Gas / Suit / Temperature

- In _____ ☐ bar ☐ psi
- Out _____
- ☐ steel ☐ aluminum
- ☐ kg ☐ lbs _____
- O² %
- ☐ dry suit
- ☐ wetsuit _____ mm
- ☐ shorty
- surface ☐ °C ☐ °F
- water

☐ gloves ☐ boots ☐ hood | ☐ salt ☐ fresh | visibility _____ ☐ m ☐ ft

Times & Depths

- time in
- _____ min / _____ m/f safety stop
- time out
- ☐ m ☐ ft avg depth
- bottom time
- ☐ m ☐ ft max depth
- dive time to date

Conditions

- ☀ 🌤 ☁ 🌧
- ☐ boat ☐ day
- ☐ shore ☐ night
- current ☐☐☐☐☐
- waves ☐☐☐☐☐

NOTES

_____

_____

_____

_____

_____

_____

_____

_____

| dive center stamp | ☐ instructor ☐ ai/dm ☐ buddy |

dive no.		location
date		dive site

In _____ ☐ bar ☐ psi
Out _____
☐ steel ☐ aluminum

☐ kg ☐ lbs _____

O2 %

☐ dry suit
☐ wetsuit _____ mm
☐ shorty

surface _____ ☐ °C ☐ °F
water _____

☐ gloves ☐ boots ☐ hood   ☐ salt ☐ fresh   visibility _____ ☐ m ☐ ft

time in
___/___ min m/f safety stop
time out
☐ m ☐ ft avg depth
bottom time
☐ m ☐ ft max depth
dive time to date

☐ ☀ ☐ 🌙 ☐ ☁ ☐ 🌧   ☐ boat ☐ day ☐ shore ☐ night   current ☐☐☐☐☐
waves ☐☐☐☐☐

NOTES

dive center stamp

☐ instructor ☐ ai/dm ☐ buddy

dive no.	location
date	dive site

| In ___ ☐ bar ☐ psi
Out ___
☐ steel ☐ aluminum | ☐ kg ☐ lbs ___

O2 % | ☐ dry suit
☐ wetsuit ___ mm
☐ shorty | surface ☐ °C ☐ °F
water |

| ☐ gloves ☐ boots ☐ hood | ☐ salt ☐ fresh | visibility ___ ☐ m ☐ ft |

time in	___ / ___ safety stop min m/f	time out
☐ m ☐ ft avg depth	bottom time	☐ m ☐ ft max depth	dive time to date

| ☀ ☾ ☁ ☔ | ☐ boat ☐ day
☐ shore ☐ night | current ☐☐☐☐☐
waves ☐☐☐☐☐ |

NOTES ___

---

dive center stamp | ☐ instructor ☐ ai/dm ☐ buddy

dive no.		location
date		dive site

In _____ ☐ bar ☐ psi
Out _____
☐ steel ☐ aluminum

☐ kg ☐ lbs _____

O^2 %

☐ dry suit
☐ wetsuit _____ mm
☐ shorty

surface ☐ °C ☐ °F
water

☐ gloves ☐ boots ☐ hood   ☐ salt ☐ fresh   visibility _____ ☐ m ☐ ft

time in | _____ min / _____ m/f safety stop | time out
avg depth ☐ m ☐ ft | bottom time | max depth ☐ m ☐ ft | dive time to date

☐ ☀ ☐ 🌤 ☐ ☁ ☐ 🌧   ☐ boat ☐ day   ☐ shore ☐ night

current ☐☐☐☐☐
waves ☐☐☐☐☐

NOTES

_____
_____
_____
_____
_____
_____
_____
_____

dive center stamp | ☐ instructor ☐ ai/dm ☐ buddy

dive no.			location
date			dive site

- In _____ ☐ bar ☐ psi
- Out _____
- ☐ steel ☐ aluminum
- ☐ kg ☐ lbs _____
- O² % _____
- ☐ dry suit
- ☐ wetsuit _____ mm
- ☐ shorty
- surface _____ ☐ °C ☐ °F
- water _____

☐ gloves ☐ boots ☐ hood | ☐ salt ☐ fresh | visibility _____ ☐ m ☐ ft

time in	/ min m/f safety stop	time out	
☐ m ☐ ft avg depth	bottom time	☐ m ☐ ft max depth	dive time to date

☀ ⛅ ☁ 🌧 | ☐ boat ☐ day ☐ shore ☐ night | current ☐☐☐☐☐ waves ☐☐☐☐☐

NOTES
_____
_____
_____
_____
_____
_____
_____
_____

| dive center stamp | ☐ instructor ☐ ai/dm ☐ buddy |

dive no.		location
date		dive site

In _____ ☐ bar ☐ psi
Out _____
☐ steel ☐ aluminum

☐ kg ☐ lbs _____

O2 %

☐ dry suit
☐ wetsuit _____ mm
☐ shorty

surface ☐ °C ☐ °F
water

☐ gloves ☐ boots ☐ hood   ☐ salt ☐ fresh   visibility _____ ☐ m ☐ ft

time in   ___ / ___ safety stop   time out
min   m/f

☐ m ☐ ft   bottom time   ☐ m ☐ ft   dive time to date
avg depth   max depth

☐ boat ☐ day
☐ shore ☐ night

current ☐☐☐☐☐
waves ☐☐☐☐☐

NOTES
_____
_____
_____
_____
_____
_____
_____
_____

dive center stamp   ☐ instructor ☐ ai/dm ☐ buddy

dive no.	location
date	dive site

In _____ ☐ bar ☐ psi
Out _____
☐ steel ☐ aluminum

☐ kg ☐ lbs _____
O^2 %

☐ dry suit
☐ wetsuit _____ mm
☐ shorty

surface ☐ °C ☐ °F
water

☐ gloves ☐ boots ☐ hood | ☐ salt ☐ fresh | visibility _____ ☐ m ☐ ft

time in | ___/___ min / m/f safety stop | time out
☐ m ☐ ft avg depth | bottom time | ☐ m ☐ ft max depth | dive time to date

☐ boat ☐ day
☐ shore ☐ night

current ☐☐☐☐☐
waves ☐☐☐☐☐

NOTES _____

dive center stamp | ☐ instructor ☐ ai/dm ☐ buddy

dive no.		location
date		dive site

In _____ ☐ bar ☐ psi
Out _____
☐ steel ☐ aluminum

☐ kg ☐ lbs _____
O² %

☐ dry suit
☐ wetsuit _____ mm
☐ shorty

surface _____ ☐ °C ☐ °F
water _____

☐ gloves ☐ boots ☐ hood   ☐ salt ☐ fresh   visibility _____ ☐ m ☐ ft

time in   ___/___ min m/f safety stop   time out

☐ m ☐ ft avg depth   bottom time   ☐ m ☐ ft max depth   dive time to date

☐ ☐ ☐ ☐   ☐ boat ☐ day ☐ shore ☐ night   current ☐☐☐☐☐
waves ☐☐☐☐☐

NOTES

_____
_____
_____
_____
_____
_____
_____
_____
_____

dive center stamp   ☐ instructor ☐ ai/dm ☐ buddy

dive no.		location
date		dive site

In _____ ☐ bar ☐ psi
Out _____
☐ steel ☐ aluminum

☐ kg ☐ lbs _____

O2 %

☐ dry suit ☐ wetsuit ☐ shorty _____ mm

surface ☐ °C ☐ °F
water

☐ gloves ☐ boots ☐ hood   ☐ salt ☐ fresh   visibility _____ ☐ m ☐ ft

time in
___ / ___ min / m/f safety stop
time out

☐ m ☐ ft avg depth
bottom time
☐ m ☐ ft max depth
dive time to date

☐ boat ☐ day
☐ shore ☐ night

current ☐☐☐☐☐
waves ☐☐☐☐☐

NOTES _____

dive center stamp

☐ instructor ☐ ai/dm ☐ buddy

dive no.		location
date		dive site

In _____ ☐ bar ☐ psi
Out _____
☐ steel ☐ aluminum

☐ kg ☐ lbs

O^2 %

☐ dry suit
☐ wetsuit
☐ shorty
____ mm

surface _____ ☐ °C ☐ °F
water _____

☐ gloves ☐ boots ☐ hood   ☐ salt ☐ fresh   visibility _____ ☐ m ☐ ft

time in   ___ / ___ min m/f safety stop   time out
☐ m ☐ ft avg depth   bottom time   ☐ m ☐ ft max depth   dive time to date

☐ boat ☐ day
☐ shore ☐ night

current ☐☐☐☐☐
waves ☐☐☐☐☐

NOTES _____

dive center stamp

☐ instructor ☐ ai/dm ☐ buddy

dive no.		location
date		dive site

In _____ ☐ bar ☐ psi
Out _____
☐ steel ☐ aluminum

☐ kg ☐ lbs _____

O² % _____

☐ dry suit
☐ wetsuit _____ mm
☐ shorty

surface _____ ☐ °C ☐ °F
water _____

☐ gloves ☐ boots ☐ hood ☐ salt ☐ fresh visibility _____ ☐ m ☐ ft

time in
_____ / _____ min m/f safety stop
time out

avg depth ☐ m ☐ ft
bottom time
max depth ☐ m ☐ ft
dive time to date

☐ ☀ ☐ ⛅ ☐ ☁ ☐ 🌧 ☐ boat ☐ day ☐ shore ☐ night

current ☐☐☐☐☐
waves ☐☐☐☐☐

NOTES
_____
_____
_____
_____
_____
_____
_____
_____

dive center stamp

☐ instructor ☐ ai/dm ☐ buddy

dive no.	location
date	dive site

In ___ ☐ bar ☐ psi
Out ___
☐ steel ☐ aluminum

☐ kg ☐ lbs ___

O2 %

☐ dry suit
☐ wetsuit ___ mm
☐ shorty

surface ___ ☐ °C ☐ °F
water ___

☐ gloves ☐ boots ☐ hood   ☐ salt ☐ fresh   visibility ___ ☐ m ☐ ft

time in ___
___ min ___ m/f safety stop
time out ___

☐ m ☐ ft avg depth
bottom time ___
☐ m ☐ ft max depth
dive time to date

☐ ☀ ☐ ⛅ ☐ ☁ ☐ 🌧
☐ boat ☐ day
☐ shore ☐ night
current ☐☐☐☐☐
waves ☐☐☐☐☐

NOTES

---

dive center stamp

☐ instructor ☐ ai/dm ☐ buddy

	dive no.		location
	date		dive site

In _____ ☐ bar ☐ psi   ☐ kg ☐ lbs _____   ☐ dry suit ☐ wetsuit _____ mm ☐ shorty   surface ☐ °C ☐ °F   water
Out _____
☐ steel ☐ aluminum   O2 %

☐ gloves ☐ boots ☐ hood   ☐ salt ☐ fresh   visibility _____ ☐ m ☐ ft

time in   ___ / ___ min m/f safety stop   time out

☐ m ☐ ft avg depth   bottom time   ☐ m ☐ ft max depth   dive time to date

☐ boat ☐ day ☐ shore ☐ night   current ☐☐☐☐☐ waves ☐☐☐☐☐

NOTES _____

dive center stamp   ☐ instructor ☐ ai/dm ☐ buddy

dive no.		location
date		dive site

In _____ ☐ bar ☐ psi
Out _____
☐ steel ☐ aluminum

☐ kg ☐ lbs _____

O^2 %

☐ dry suit
☐ wetsuit _____ mm
☐ shorty

surface _____ ☐ °C ☐ °F
water _____

☐ gloves ☐ boots ☐ hood   ☐ salt ☐ fresh   visibility _____ ☐ m ☐ ft

time in
_____ / _____ min / m/f   safety stop
time out
☐ m ☐ ft avg depth
bottom time
☐ m ☐ ft max depth
dive time to date

☐ ☀ ☐ ⛅ ☐ ☁ ☐ 🌧

☐ boat ☐ day
☐ shore ☐ night

current ☐☐☐☐☐
waves ☐☐☐☐☐

NOTES

dive center stamp

☐ instructor ☐ ai/dm ☐ buddy

dive no.		location
date		dive site

- In _____ ☐ bar ☐ psi
- Out _____
- ☐ steel ☐ aluminum
- ☐ kg ☐ lbs _____
- O² % _____
- ☐ dry suit ☐ wetsuit ☐ shorty ___ mm
- surface ☐ °C ☐ °F
- water

☐ gloves ☐ boots ☐ hood | ☐ salt ☐ fresh | visibility _____ ☐ m ☐ ft

- time in
- ___ / ___ min m/f safety stop
- time out
- ☐ m ☐ ft avg depth
- bottom time
- ☐ m ☐ ft max depth
- dive time to date

☐ boat ☐ day ☐ shore ☐ night | current ☐☐☐☐☐ waves ☐☐☐☐☐

NOTES _____

dive center stamp | ☐ instructor ☐ ai/dm ☐ buddy

dive no.		location
date		dive site

In _____ ☐ bar ☐ psi
Out _____
☐ steel ☐ aluminum

☐ kg ☐ lbs _____

O² %

☐ dry suit
☐ wetsuit _____ mm
☐ shorty

surface ☐ °C ☐ °F
water

☐ gloves ☐ boots ☐ hood   ☐ salt ☐ fresh   visibility _____ ☐ m ☐ ft

time in | / min m/f safety stop | time out
avg depth ☐ m ☐ ft | bottom time | max depth ☐ m ☐ ft | dive time to date

☐ boat ☐ day
☐ shore ☐ night

current ☐☐☐☐☐
waves ☐☐☐☐☐

NOTES

dive center stamp | ☐ instructor ☐ ai/dm ☐ buddy

dive no.		location
date		dive site

In _____ ☐ bar ☐ psi
Out _____
☐ steel ☐ aluminum

☐ kg ☐ lbs _____

O2 %

☐ dry suit
☐ wetsuit _____ mm
☐ shorty

surface _____ ☐ °C ☐ °F
water _____

☐ gloves ☐ boots ☐ hood   ☐ salt ☐ fresh   visibility _____ ☐ m ☐ ft

time in _____
___ / ___ min m/f safety stop
time out _____
avg depth ☐ m ☐ ft
bottom time _____
max depth ☐ m ☐ ft
dive time to date _____

☐ boat ☐ day
☐ shore ☐ night

current ☐☐☐☐☐
waves ☐☐☐☐☐

NOTES

_____
_____
_____
_____
_____
_____
_____
_____
_____

dive center stamp

☐ instructor ☐ ai/dm ☐ buddy

dive no.		location
date		dive site

In _____ ☐ bar ☐ psi
Out _____
☐ steel ☐ aluminum

☐ kg ☐ lbs _____

O2 %

☐ dry suit
☐ wetsuit _____ mm
☐ shorty

surface _____ ☐ °C ☐ °F
water _____

☐ gloves ☐ boots ☐ hood | ☐ salt ☐ fresh | visibility _____ ☐ m ☐ ft

time in
_____ min / _____ m/f safety stop
time out
☐ m ☐ ft avg depth
bottom time
☐ m ☐ ft max depth
dive time to date

☐ boat ☐ day
☐ shore ☐ night

current ☐☐☐☐☐
waves ☐☐☐☐☐

NOTES

dive center stamp

☐ instructor ☐ ai/dm ☐ buddy

dive no.		location
date		dive site

In ____ ☐ bar ☐ psi	☐ kg ☐ lbs ____	☐ dry suit	surface ☐ °C ☐ °F
Out ____		☐ wetsuit ____ mm	
☐ steel ☐ aluminum	O² %	☐ shorty	water

☐ gloves ☐ boots ☐ hood   ☐ salt ☐ fresh   visibility ____ ☐ m ☐ ft

time in	____ / ____ safety stop min m/f	time out	
☐ m ☐ ft avg depth	bottom time	☐ m ☐ ft max depth	dive time to date

☐ boat ☐ day   ☐ shore ☐ night   current ☐☐☐☐☐   waves ☐☐☐☐☐

NOTES

___

dive center stamp

☐ instructor ☐ ai/dm ☐ buddy

Dive Log

dive no.	location
date	dive site

Tank: In ____ / Out ____ □ bar □ psi □ steel □ aluminum

Weight: □ kg □ lbs ____

O₂ %: ____

Exposure: □ dry suit □ wetsuit □ shorty ____ mm

Temperature: surface ____ / water ____ □ °C □ °F

□ gloves □ boots □ hood □ salt □ fresh visibility ____ □ m □ ft

- time in
- safety stop ____ / ____ min m/f
- time out
- avg depth ____ □ m □ ft
- bottom time
- max depth ____ □ m □ ft
- dive time to date

Conditions: ☀ 🌙 ☁ 🌧
□ boat □ day □ shore □ night
current □□□□□
waves □□□□□

NOTES

____

____

____

____

____

____

____

____

dive center stamp

□ instructor □ ai/dm □ buddy

dive no.		location
date		dive site

In ____ ☐ bar / ☐ psi   Out ____   ☐ steel ☐ aluminum

☐ kg ☐ lbs ____ O^2 %

☐ dry suit ☐ wetsuit ☐ shorty   mm

surface ☐ °C ☐ °F   water

☐ gloves ☐ boots ☐ hood   ☐ salt ☐ fresh   visibility ____ ☐ m ☐ ft

time in   ___ / ___ min   m/f   safety stop   time out

☐ m ☐ ft   avg depth   bottom time   ☐ m ☐ ft   max depth   dive time to date

☐ ☀ ☐ 🌤 ☐ ☁ ☐ 🌧

☐ boat ☐ day   ☐ shore ☐ night

current ☐☐☐☐☐   waves ☐☐☐☐☐

NOTES

_____
_____
_____
_____
_____
_____
_____
_____

dive center stamp

☐ instructor ☐ ai/dm ☐ buddy

dive no.	location
date	dive site

In _____ ☐ bar ☐ psi   ☐ kg ☐ lbs   O²%   ☐ dry suit ☐ wetsuit ☐ shorty ____ mm   surface ☐ °C ☐ °F / water
Out _____
☐ steel ☐ aluminum

☐ gloves ☐ boots ☐ hood   ☐ salt ☐ fresh   visibility _____ ☐ m ☐ ft

time in   ___/___ min m/f safety stop   time out

☐ m ☐ ft avg depth   bottom time   ☐ m ☐ ft max depth   dive time to date

☀ 🌤 ☁ 🌧   ☐ boat ☐ day ☐ shore ☐ night   current ☐☐☐☐☐ waves ☐☐☐☐☐

NOTES

_____
_____
_____
_____
_____
_____
_____

dive center stamp   ☐ instructor ☐ ai/dm ☐ buddy

dive no.		location
date		dive site

In _____ ☐ bar ☐ psi
Out _____
☐ steel ☐ aluminum

☐ kg
☐ lbs _____

O^2 %

☐ dry suit
☐ wetsuit _____ mm
☐ shorty

surface _____ ☐ °C ☐ °F
water _____

☐ gloves ☐ boots ☐ hood | ☐ salt ☐ fresh | visibility _____ ☐ m ☐ ft

time in | ___ / ___ min m/f safety stop | time out
☐ m ☐ ft avg depth | bottom time | ☐ m ☐ ft max depth | dive time to date

☐ boat ☐ day
☐ shore ☐ night

current ☐☐☐☐☐
waves ☐☐☐☐☐

NOTES
_____
_____
_____
_____
_____
_____
_____
_____

dive center stamp | ☐ instructor ☐ ai/dm ☐ buddy

dive no.		location
date		dive site

In ___ ☐ bar ☐ psi
Out ___ ☐ steel ☐ aluminum
☐ kg ☐ lbs ___
O2 %
☐ dry suit ☐ wetsuit ☐ shorty ___ mm
surface ___ ☐ °C ☐ °F
water ___

☐ gloves ☐ boots ☐ hood | ☐ salt ☐ fresh | visibility ___ ☐ m ☐ ft

time in ___ / ___ min m/f safety stop **time out** ___
☐ m ☐ ft avg depth | **bottom time** ___ | ☐ m ☐ ft max depth | dive time to date

☐ ☐ ☐ ☐ | ☐ boat ☐ day ☐ shore ☐ night | current ☐☐☐☐☐ waves ☐☐☐☐☐

NOTES

___
___
___
___
___
___
___
___

dive center stamp | ☐ instructor ☐ ai/dm ☐ buddy

dive no.	location
date	dive site

- In _____ ☐ bar ☐ psi
- Out _____
- ☐ steel ☐ aluminum
- ☐ kg ☐ lbs _____
- O² %
- ☐ dry suit
- ☐ wetsuit _____ mm
- ☐ shorty
- surface ☐ °C ☐ °F
- water

☐ gloves ☐ boots ☐ hood | ☐ salt ☐ fresh | visibility _____ ☐ m ☐ ft

- time in
- ___ / ___ min m/f safety stop
- time out
- ☐ m ☐ ft avg depth
- bottom time
- ☐ m ☐ ft max depth
- dive time to date

☐ boat ☐ day
☐ shore ☐ night

current ☐☐☐☐☐
waves ☐☐☐☐☐

NOTES

___

dive center stamp | ☐ instructor ☐ ai/dm ☐ buddy

dive no.		location
date		dive site

In ____ ☐ bar ☐ psi
Out ____
☐ steel ☐ aluminum

☐ kg ☐ lbs

O^2 %

☐ dry suit ☐ wetsuit ☐ shorty ____ mm

surface ____ ☐ °C ☐ °F
water ____

☐ gloves ☐ boots ☐ hood ☐ salt ☐ fresh visibility ____ ☐ m ☐ ft

time in
____ / ____ min m/f safety stop
time out
☐ m ☐ ft avg depth
bottom time
☐ m ☐ ft max depth
dive time to date

☐ ☀ ☐ 🌤 ☐ ☁ ☐ 🌧

☐ boat ☐ day
☐ shore ☐ night

current ☐☐☐☐☐
waves ☐☐☐☐☐

NOTES

____

dive center stamp

☐ instructor ☐ ai/dm ☐ buddy

dive no.		location
date		dive site

In _____ ☐ bar ☐ psi
Out _____
☐ steel ☐ aluminum

☐ kg ☐ lbs _____

O² % _____

☐ dry suit
☐ wetsuit _____ mm
☐ shorty

surface ☐ °C ☐ °F
water

☐ gloves ☐ boots ☐ hood | ☐ salt ☐ fresh | visibility _____ ☐ m ☐ ft

time in | ___ / ___ min m/f safety stop | time out
☐ m ☐ ft avg depth | bottom time | ☐ m ☐ ft max depth | dive time to date

☀ ⛅ ☁ 🌧
☐ ☐ ☐ ☐

☐ boat ☐ day
☐ shore ☐ night

current ☐☐☐☐☐
waves ☐☐☐☐☐

NOTES

dive center stamp | ☐ instructor ☐ ai/dm ☐ buddy

	dive no.		location
	date		dive site

In _____ ☐ bar ☐ psi
Out _____
☐ steel ☐ aluminum

☐ kg ☐ lbs _____

O^2 %

☐ dry suit
☐ wetsuit _____ mm
☐ shorty

surface ☐ °C ☐ °F
water

☐ gloves ☐ boots ☐ hood ☐ salt ☐ fresh visibility _____ ☐ m ☐ ft

time in | ___ / ___ safety stop min m/f | time out
☐ m ☐ ft avg depth | bottom time | ☐ m ☐ ft max depth | dive time to date

☐ boat ☐ day
☐ shore ☐ night

current ☐☐☐☐☐
waves ☐☐☐☐☐

NOTES _____

dive center stamp

☐ instructor ☐ ai/dm ☐ buddy

dive no.		location
date		dive site

- In _____ ☐ bar / ☐ psi
- Out _____
- ☐ steel ☐ aluminum
- ☐ kg / ☐ lbs _____
- O² %
- ☐ dry suit
- ☐ wetsuit _____ mm
- ☐ shorty
- surface _____ ☐ °C / ☐ °F
- water _____

☐ gloves ☐ boots ☐ hood ☐ salt ☐ fresh visibility _____ ☐ m ☐ ft

time in	___ / ___ min m/f safety stop	time out	
☐ m ☐ ft avg depth	bottom time	☐ m ☐ ft max depth	dive time to date

☀ ⛅ ☁ 🌧 ☐ boat ☐ day / ☐ shore ☐ night current ☐☐☐☐☐ waves ☐☐☐☐☐

NOTES

dive center stamp | ☐ instructor ☐ ai/dm ☐ buddy

dive no.		location
date		dive site

In ___ ☐ bar ☐ psi
Out ___
☐ steel ☐ aluminum

☐ kg ☐ lbs ___

O2 %

☐ dry suit
☐ wetsuit ___ mm
☐ shorty

surface ___ ☐ °C ☐ °F
water ___

☐ gloves ☐ boots ☐ hood ☐ salt ☐ fresh visibility ___ ☐ m ☐ ft

time in ___ / ___ min m/f safety stop time out ___
☐ m ☐ ft avg depth bottom time ☐ m ☐ ft max depth dive time to date

☐ ☐ ☐ ☐ (weather)
☐ boat ☐ day
☐ shore ☐ night
current ☐☐☐☐☐
waves ☐☐☐☐☐

NOTES

dive center stamp

☐ instructor ☐ ai/dm ☐ buddy

dive no.		location
date		dive site

In _____ ☐ bar ☐ psi
Out _____
☐ steel ☐ aluminum

☐ kg ☐ lbs _____

O² % _____

☐ dry suit
☐ wetsuit _____ mm
☐ shorty

surface _____ ☐ °C ☐ °F
water _____

☐ gloves ☐ boots ☐ hood | ☐ salt ☐ fresh | visibility _____ ☐ m ☐ ft

time in | _____ min / _____ m/f safety stop | time out
☐ m ☐ ft avg depth | bottom time | ☐ m ☐ ft max depth | dive time to date

☀ ⛅ ☁ 🌧 | ☐ boat ☐ day ☐ shore ☐ night | current ☐☐☐☐☐ waves ☐☐☐☐☐

NOTES _____

dive center stamp | ☐ instructor ☐ ai/dm ☐ buddy

dive no.		location
date		dive site

In _____ ☐ bar ☐ psi
Out _____
☐ steel ☐ aluminum

☐ kg ☐ lbs _____

O² % _____

☐ dry suit
☐ wetsuit _____ mm
☐ shorty

surface ☐ °C ☐ °F
water

☐ gloves ☐ boots ☐ hood   ☐ salt ☐ fresh   visibility _____ ☐ m ☐ ft

time in | ___ / ___ min m/f safety stop | time out
☐ m ☐ ft avg depth | bottom time | ☐ m ☐ ft max depth | dive time to date

☐ ☀ ☐ 🌙 ☐ ☁ ☐ 🌧   ☐ boat ☐ day ☐ shore ☐ night   current ☐☐☐☐☐
waves ☐☐☐☐☐

NOTES

---

dive center stamp | ☐ instructor ☐ ai/dm ☐ buddy

	dive no.		location
	date		dive site

- In _____ ☐ bar ☐ psi
- Out _____
- ☐ steel ☐ aluminum

- ☐ kg
- ☐ lbs _____
- O² % _____

- ☐ dry suit
- ☐ wetsuit _____ mm
- ☐ shorty

- surface _____ ☐ °C ☐ °F
- water _____

☐ gloves ☐ boots ☐ hood | ☐ salt ☐ fresh | visibility _____ ☐ m ☐ ft

- time in
- ___ / ___ min m/f safety stop
- time out
- ☐ m ☐ ft avg depth
- bottom time
- ☐ m ☐ ft max depth
- dive time to date

☐ ☀ ☐ ⛅ ☐ ☁ ☐ 🌧 | ☐ boat ☐ day ☐ shore ☐ night | current ☐☐☐☐☐ waves ☐☐☐☐☐

NOTES
_____
_____
_____
_____
_____
_____
_____
_____

dive center stamp | ☐ instructor ☐ ai/dm ☐ buddy

dive no.		location
date		dive site

In ____ ☐ bar ☐ psi
Out ____
☐ steel ☐ aluminum

☐ kg ☐ lbs ____

O² %

☐ dry suit
☐ wetsuit ____ mm
☐ shorty

surface ____ ☐ °C ☐ °F
water ____

☐ gloves ☐ boots ☐ hood | ☐ salt ☐ fresh | visibility ____ ☐ m ☐ ft

time in ____
____ min / ____ m/f safety stop
time out ____
☐ m ☐ ft avg depth
bottom time ____
☐ m ☐ ft max depth
dive time to date ____

☐ ☀ ☐ ⛅ ☐ ☁ ☐ 🌧 | ☐ boat ☐ day ☐ shore ☐ night | current ☐☐☐☐☐
waves ☐☐☐☐☐

NOTES

____

dive center stamp

☐ instructor ☐ ai/dm ☐ buddy

dive no.		location
date		dive site

In _____ ☐ bar ☐ psi
Out _____
☐ steel ☐ aluminum

☐ kg ☐ lbs _____

O^2 %

☐ dry suit
☐ wetsuit _____ mm
☐ shorty

surface ☐ °C ☐ °F
water

☐ gloves ☐ boots ☐ hood | ☐ salt ☐ fresh | visibility _____ ☐ m ☐ ft

time in
___ / ___ min m/f safety stop
time out
☐ m ☐ ft avg depth
bottom time
☐ m ☐ ft max depth
dive time to date

☐ ☀ ☐ ⛅ ☐ ☁ ☐ 🌧 | ☐ boat ☐ day ☐ shore ☐ night | current ☐☐☐☐☐ waves ☐☐☐☐☐

NOTES
_____
_____
_____
_____
_____
_____
_____
_____
_____

dive center stamp | ☐ instructor ☐ ai/dm ☐ buddy

dive no.	location
date	dive site

In _____ ☐ bar ☐ psi
Out _____
☐ steel ☐ aluminum

☐ kg ☐ lbs _____

O2 _____ %

☐ dry suit
☐ wetsuit _____ mm
☐ shorty

surface _____ ☐ °C ☐ °F
water _____

☐ gloves ☐ boots ☐ hood   ☐ salt ☐ fresh   visibility _____ ☐ m ☐ ft

time in   _____ min / _____ m/f safety stop   time out
☐ m ☐ ft avg depth   bottom time   ☐ m ☐ ft max depth   dive time to date

☐ ☀ ☐ ⛅ ☐ ☁ ☐ 🌧   ☐ boat ☐ day   ☐ shore ☐ night
current ☐☐☐☐☐
waves ☐☐☐☐☐

NOTES

_____
_____
_____
_____
_____
_____
_____
_____

dive center stamp   ☐ instructor ☐ ai/dm ☐ buddy

dive no.		location
date		dive site

In _____ ☐ bar ☐ psi **Out** _____ ☐ steel ☐ aluminum

☐ kg ☐ lbs _____

O² % _____

☐ dry suit ☐ wetsuit _____ mm ☐ shorty

surface _____ ☐ °C ☐ °F
water _____

☐ gloves ☐ boots ☐ hood   ☐ salt ☐ fresh   visibility _____ ☐ m ☐ ft

time in _____   ___ / ___ min / m/f safety stop   time out _____

☐ m ☐ ft avg depth   bottom time _____   ☐ m ☐ ft max depth   dive time to date

---

☐ ☀ ☐ ⛅ ☐ ☁ ☐ 🌧   ☐ boat ☐ day ☐ shore ☐ night   current ☐☐☐☐☐ waves ☐☐☐☐☐

NOTES

_____
_____
_____
_____
_____
_____
_____
_____
_____

dive center stamp	☐ instructor ☐ ai/dm ☐ buddy

dive no.		location
date		dive site

In _____ ☐ bar ☐ psi
Out _____
☐ steel ☐ aluminum

☐ kg ☐ lbs _____
O^2 %

☐ dry suit
☐ wetsuit _____ mm
☐ shorty

surface ☐ °C ☐ °F
water

☐ gloves ☐ boots ☐ hood   ☐ salt ☐ fresh   visibility _____ ☐ m ☐ ft

time in
___ / ___ safety stop
min   m/f
time out

☐ m ☐ ft avg depth
bottom time
☐ m ☐ ft max depth
dive time to date

☐ boat ☐ day
☐ shore ☐ night

current ☐☐☐☐☐
waves ☐☐☐☐☐

NOTES
_____
_____
_____
_____
_____
_____
_____
_____

dive center stamp

☐ instructor ☐ ai/dm ☐ buddy

dive no.		location
date		dive site

In _____ ☐ bar ☐ psi
Out _____
☐ steel ☐ aluminum

☐ kg ☐ lbs _____
O^2 %

☐ dry suit
☐ wetsuit _____ mm
☐ shorty

surface ☐ °C ☐ °F
water

☐ gloves ☐ boots ☐ hood ☐ salt ☐ fresh visibility _____ ☐ m ☐ ft

time in
___ / ___ safety stop
min   m/f
time out

☐ m ☐ ft avg depth
bottom time
☐ m ☐ ft max depth
dive time to date

☐ ☀ ☐ 🌤 ☐ ☁ ☐ 🌧
☐ boat ☐ day
☐ shore ☐ night
current ☐☐☐☐☐
waves ☐☐☐☐☐

NOTES

---

dive center stamp

☐ instructor ☐ ai/dm ☐ buddy

	dive no.	location
	date	dive site

- In _____ ☐ bar ☐ psi
- Out _____
- ☐ steel ☐ aluminum
- ☐ kg ☐ lbs _____
- O² % _____
- ☐ dry suit
- ☐ wetsuit _____ mm
- ☐ shorty
- surface _____ ☐ °C ☐ °F
- water _____

☐ gloves ☐ boots ☐ hood | ☐ salt ☐ fresh | visibility _____ ☐ m ☐ ft

- time in
- _____ / _____ min / m/f safety stop
- time out
- ☐ m ☐ ft avg depth
- bottom time
- ☐ m ☐ ft max depth
- dive time to date

☐ boat ☐ day
☐ shore ☐ night

current ☐☐☐☐☐
waves ☐☐☐☐☐

NOTES

___

dive center stamp

☐ instructor ☐ ai/dm ☐ buddy

dive no.		location
date		dive site

In _____ ☐ bar ☐ psi
Out _____
☐ steel ☐ aluminum

☐ kg ☐ lbs _____

O₂ %

☐ dry suit
☐ wetsuit _____ mm
☐ shorty

surface ☐ °C ☐ °F
water

☐ gloves ☐ boots ☐ hood | ☐ salt ☐ fresh | visibility _____ ☐ m ☐ ft

time in | _____ / _____ min m/f safety stop | time out
☐ m ☐ ft avg depth | bottom time | ☐ m ☐ ft max depth | dive time to date

☐ boat ☐ day
☐ shore ☐ night

current ☐☐☐☐☐
waves ☐☐☐☐☐

NOTES
_____
_____
_____
_____
_____
_____
_____
_____
_____

dive center stamp | ☐ instructor ☐ ai/dm ☐ buddy

dive no.		location
date		dive site

In _____ ☐ bar / ☐ psi
Out _____
☐ steel ☐ aluminum

☐ kg / ☐ lbs _____

O^2 % _____

☐ dry suit
☐ wetsuit
☐ shorty _____ mm

surface _____ ☐ °C / ☐ °F
water _____

☐ gloves ☐ boots ☐ hood   ☐ salt ☐ fresh   visibility _____ ☐ m ☐ ft

time in _____
_____ min / _____ m/f safety stop
time out _____
avg depth _____ ☐ m ☐ ft
bottom time _____
max depth _____ ☐ m ☐ ft
dive time to date _____

☐ ☀ ☐ 🌙 ☐ ☁ ☐ 🌧
☐ boat ☐ day
☐ shore ☐ night
current ☐☐☐☐☐
waves ☐☐☐☐☐

NOTES

dive center stamp

☐ instructor ☐ ai/dm ☐ buddy

dive no.		location
date		dive site

In _____ ☐ bar ☐ psi
Out _____
☐ steel ☐ aluminum

☐ kg _____
☐ lbs _____

O² % _____

☐ dry suit
☐ wetsuit _____ mm
☐ shorty

surface _____ ☐ °C ☐ °F
water _____

☐ gloves ☐ boots ☐ hood   ☐ salt ☐ fresh   visibility _____ ☐ m ☐ ft

time in _____
___ / ___ safety stop
min m/f
time out _____

☐ m ☐ ft avg depth _____
bottom time _____
☐ m ☐ ft max depth _____
dive time to date _____

☐ ☀ ☐ ⛅ ☐ ☁ ☐ 🌧
☐ boat ☐ day
☐ shore ☐ night
current ☐☐☐☐☐
waves ☐☐☐☐☐

NOTES _____

dive center stamp

☐ instructor ☐ ai/dm ☐ buddy

dive no.		location
date		dive site

In _____ ☐ bar ☐ psi
Out _____
☐ steel ☐ aluminum

☐ kg ☐ lbs _____

O^2 %

☐ dry suit
☐ wetsuit _____ mm
☐ shorty

surface ☐ °C ☐ °F
water

☐ gloves ☐ boots ☐ hood   ☐ salt ☐ fresh   visibility _____ ☐ m ☐ ft

time in   ___ / ___ min m/f safety stop   time out
☐ m ☐ ft avg depth   bottom time   ☐ m ☐ ft max depth   dive time to date

☐ boat ☐ day
☐ shore ☐ night

current ☐☐☐☐☐
waves ☐☐☐☐☐

NOTES

dive center stamp

☐ instructor ☐ ai/dm ☐ buddy

dive no.		location
date		dive site

In _____ ☐ bar ☐ psi
Out _____
☐ steel ☐ aluminum

☐ kg ☐ lbs _____

O2 %

☐ dry suit
☐ wetsuit _____ mm
☐ shorty

surface ☐ °C ☐ °F
water

☐ gloves ☐ boots ☐ hood   ☐ salt ☐ fresh   visibility _____ ☐ m ☐ ft

time in | min / m/f safety stop | time out
☐ m ☐ ft avg depth | bottom time | ☐ m ☐ ft max depth | dive time to date

☐ boat ☐ day
☐ shore ☐ night

current ☐☐☐☐☐
waves ☐☐☐☐☐

NOTES

dive center stamp | ☐ instructor ☐ ai/dm ☐ buddy

	dive no.		location
	date		dive site

In _____ ☐ bar ☐ psi
Out _____
☐ steel ☐ aluminum

☐ kg ☐ lbs _____

O^2 % _____

☐ dry suit
☐ wetsuit _____ mm
☐ shorty

surface _____ ☐ °C ☐ °F
water _____

☐ gloves ☐ boots ☐ hood   ☐ salt ☐ fresh   visibility _____ ☐ m ☐ ft

time in _____
___ min / ___ m/f   safety stop
time out _____

☐ m ☐ ft   avg depth _____
bottom time _____
☐ m ☐ ft   max depth _____
dive time to date _____

☐ boat ☐ day
☐ shore ☐ night

current ☐☐☐☐☐
waves ☐☐☐☐☐

NOTES

___

dive center stamp

☐ instructor ☐ ai/dm ☐ buddy

dive no.		location
date		dive site

In ___ ☐ bar ☐ psi
Out ___
☐ steel ☐ aluminum

☐ kg ___ ☐ lbs

O² ___ %

☐ dry suit
☐ wetsuit ___ mm
☐ shorty

surface ___ ☐ °C ☐ °F
water ___

☐ gloves ☐ boots ☐ hood   ☐ salt ☐ fresh   visibility ___ ☐ m ☐ ft

time in
___ / ___ min m/f safety stop
time out
avg depth ☐ m ☐ ft
bottom time
max depth ☐ m ☐ ft
dive time to date

☐ ☀ ☐ ⛅ ☐ ☁ ☐ 🌧
☐ boat ☐ day
☐ shore ☐ night
current ☐☐☐☐☐
waves ☐☐☐☐☐

NOTES
_____
_____
_____
_____
_____
_____
_____
_____

dive center stamp

☐ instructor ☐ ai/dm ☐ buddy

dive no.	location
date	dive site

In _____ ☐ bar ☐ psi
Out _____
☐ steel ☐ aluminum

☐ kg ☐ lbs _____

O2 % _____

☐ dry suit
☐ wetsuit _____ mm
☐ shorty

surface _____ ☐ °C ☐ °F
water _____

☐ gloves ☐ boots ☐ hood | ☐ salt ☐ fresh | visibility _____ ☐ m ☐ ft

time in _____
min _____ / m/f _____ safety stop
time out _____
avg depth _____ ☐ m ☐ ft
bottom time _____
max depth _____ ☐ m ☐ ft
dive time to date _____

☐ ☀ ☐ 🌙 ☐ ☁ ☐ 🌧 | ☐ boat ☐ day ☐ shore ☐ night | current ☐☐☐☐☐ waves ☐☐☐☐☐

NOTES

_____
_____
_____
_____
_____
_____
_____
_____

dive center stamp | ☐ instructor ☐ ai/dm ☐ buddy

	dive no.		location
	date		dive site

In _____ ☐ bar ☐ psi
Out _____
☐ steel ☐ aluminum

☐ kg ☐ lbs _____

O² %

☐ dry suit
☐ wetsuit _____ mm
☐ shorty

surface ☐ °C ☐ °F
water

☐ gloves ☐ boots ☐ hood ☐ salt ☐ fresh visibility _____ ☐ m ☐ ft

time in | ___/___ min / m/f safety stop | time out
☐ m ☐ ft avg depth | bottom time | ☐ m ☐ ft max depth | dive time to date

☐ ☀ ☐ ⛅ ☐ ☁ ☐ 🌧 ☐ boat ☐ day ☐ shore ☐ night current ☐☐☐☐☐ waves ☐☐☐☐☐

NOTES _____

dive center stamp | ☐ instructor ☐ ai/dm ☐ buddy

dive no.		location
date		dive site

In _____ ☐ bar ☐ psi
Out _____
☐ steel ☐ aluminum

☐ kg ☐ lbs _____

O² % _____

☐ dry suit
☐ wetsuit _____ mm
☐ shorty

surface _____ ☐ °C ☐ °F
water _____

☐ gloves ☐ boots ☐ hood | ☐ salt ☐ fresh | visibility _____ ☐ m ☐ ft

time in | _____ / _____ min / m/f safety stop | time out
avg depth ☐ m ☐ ft | bottom time | max depth ☐ m ☐ ft | dive time to date

☐ ☀ ☐ 🌙 ☐ ☁ ☐ 🌧 | ☐ boat ☐ day ☐ shore ☐ night | current ☐☐☐☐☐
waves ☐☐☐☐☐

NOTES

dive center stamp | ☐ instructor ☐ ai/dm ☐ buddy

dive no.		location
date		dive site

In ___ ☐ bar / ☐ psi
Out ___
☐ steel ☐ aluminum

☐ kg / ☐ lbs ___
O^2 %

☐ dry suit
☐ wetsuit ___ mm
☐ shorty

surface ___ ☐ °C / ☐ °F
water ___

☐ gloves ☐ boots ☐ hood ☐ salt ☐ fresh visibility ___ ☐ m ☐ ft

time in ___
___ / ___ min m/f safety stop
time out ___

☐ m ☐ ft avg depth
bottom time
☐ m ☐ ft max depth
dive time to date

☐ ☐ ☐ ☐ (weather)
☐ boat ☐ day
☐ shore ☐ night
current ☐☐☐☐☐
waves ☐☐☐☐☐

NOTES ___

dive center stamp

☐ instructor ☐ ai/dm ☐ buddy

dive no.	location
date	dive site

In _____ ☐ bar ☐ kg
Out _____ ☐ psi ☐ lbs _____
☐ steel ☐ aluminum   O² % _____

☐ dry suit
☐ wetsuit _____ mm
☐ shorty

surface ☐ °C ☐ °F
water

☐ gloves ☐ boots ☐ hood   ☐ salt ☐ fresh   visibility _____ ☐ m ☐ ft

time in   ___ / ___ min / m/f safety stop   time out

☐ m ☐ ft avg depth   bottom time   ☐ m ☐ ft max depth   dive time to date

☐ ☀ ☐ ⛅ ☐ ☁ ☐ 🌧   ☐ boat ☐ day ☐ shore ☐ night   current ☐☐☐☐☐ waves ☐☐☐☐☐

NOTES

___

dive center stamp

☐ instructor ☐ ai/dm ☐ buddy

dive no.		location
date		dive site

In _____ ☐ bar ☐ psi
Out _____
☐ steel ☐ aluminum

☐ kg ☐ lbs _____

O² %

☐ dry suit
☐ wetsuit _____ mm
☐ shorty

surface ☐ °C ☐ °F
water

☐ gloves ☐ boots ☐ hood | ☐ salt ☐ fresh | visibility _____ ☐ m ☐ ft

time in | _____ / _____ min m/f safety stop | time out
☐ m ☐ ft avg depth | bottom time | ☐ m ☐ ft max depth | dive time to date

☐ ☐ ☐ ☐ | ☐ boat ☐ day ☐ shore ☐ night | current ☐☐☐☐☐
waves ☐☐☐☐☐

NOTES

---

dive center stamp | ☐ instructor ☐ ai/dm ☐ buddy

dive no.		location
date		dive site

In _____ ☐ bar ☐ psi
Out _____
☐ steel ☐ aluminum

☐ kg ☐ lbs _____

O2 %

☐ dry suit
☐ wetsuit _____ mm
☐ shorty

surface ☐ °C ☐ °F
water

☐ gloves ☐ boots ☐ hood | ☐ salt ☐ fresh | visibility _____ ☐ m ☐ ft

time in | _____ / _____ min m/f safety stop | time out
☐ m ☐ ft avg depth | bottom time | ☐ m ☐ ft max depth | dive time to date

☐ boat ☐ day
☐ shore ☐ night

current ☐☐☐☐☐
waves ☐☐☐☐☐

NOTES

dive center stamp | ☐ instructor ☐ ai/dm ☐ buddy

Dive Log

- dive no.
- location
- date
- dive site

Tank / Gas
- In _____ □ bar □ psi
- Out _____
- □ steel □ aluminum
- □ kg □ lbs _____
- O2 % _____

Exposure
- □ dry suit
- □ wetsuit _____ mm
- □ shorty

Temperature
- surface _____ □ °C □ °F
- water _____

□ gloves □ boots □ hood □ salt □ fresh visibility _____ □ m □ ft

- time in
- ___ / ___ min m/f safety stop
- time out
- avg depth □ m □ ft
- bottom time
- max depth □ m □ ft
- dive time to date

Conditions
- ☀ ⛅ ☁ 🌧
- □ boat □ day
- □ shore □ night
- current □□□□□
- waves □□□□□

NOTES

_____
_____
_____
_____
_____
_____
_____
_____

dive center stamp

□ instructor □ ai/dm □ buddy

dive no.	location
date	dive site

In _____ ☐ bar ☐ psi
Out _____
☐ steel ☐ aluminum

☐ kg ☐ lbs _____

O² %

☐ dry suit
☐ wetsuit _____ mm
☐ shorty

surface ☐ °C ☐ °F
water

☐ gloves ☐ boots ☐ hood   ☐ salt ☐ fresh   visibility _____ ☐ m ☐ ft

time in
___ / ___ safety stop
min   m/f
time out

☐ m ☐ ft avg depth
bottom time
☐ m ☐ ft max depth
dive time to date

☐ ☀ ☐ 🌙 ☐ ☁ ☐ 🌧
☐ boat ☐ day
☐ shore ☐ night
current ☐☐☐☐☐
waves ☐☐☐☐☐

NOTES
_____
_____
_____
_____
_____
_____
_____
_____
_____

dive center stamp | ☐ instructor ☐ ai/dm ☐ buddy

dive no.	location
date	dive site

In _____ ☐ bar ☐ psi
Out _____
☐ steel ☐ aluminum

☐ kg ☐ lbs _____

O^2 %

☐ dry suit
☐ wetsuit _____ mm
☐ shorty

surface ☐ °C ☐ °F
water

☐ gloves ☐ boots ☐ hood ☐ salt ☐ fresh visibility _____ ☐ m ☐ ft

time in
___ / ___ min m/f safety stop
time out

☐ m ☐ ft avg depth
bottom time
☐ m ☐ ft max depth
dive time to date

☐ boat ☐ day
☐ shore ☐ night

current ☐☐☐☐☐
waves ☐☐☐☐☐

NOTES _____

dive center stamp

☐ instructor ☐ ai/dm ☐ buddy

dive no.	location
date	dive site

In ____ ☐ bar ☐ psi
Out ____
☐ steel ☐ aluminum

☐ kg ☐ lbs ____

O^2 % ____

☐ dry suit
☐ wetsuit ____ mm
☐ shorty

surface ☐ °C ☐ °F
water

☐ gloves ☐ boots ☐ hood ☐ salt ☐ fresh visibility ____ ☐ m ☐ ft

time in ____
____ min / ____ m/f safety stop
time out ____
☐ m ☐ ft **avg depth** ____
bottom time ____
☐ m ☐ ft **max depth** ____
dive time to date ____

☀ ⛅ ☁ 🌧 ☐ boat ☐ day ☐ shore ☐ night

current ☐☐☐☐☐
waves ☐☐☐☐☐

NOTES

___

dive center stamp

☐ instructor ☐ ai/dm ☐ buddy

dive no.		location
date		dive site

In _____ ☐ bar ☐ psi
Out _____
☐ steel ☐ aluminum

☐ kg ☐ lbs _____

O^2 %

☐ dry suit
☐ wetsuit _____ mm
☐ shorty

surface _____ ☐ °C ☐ °F
water _____

☐ gloves ☐ boots ☐ hood | ☐ salt ☐ fresh | visibility _____ ☐ m ☐ ft

time in
_____ min / _____ m/f safety stop
time out
☐ m ☐ ft avg depth
bottom time
☐ m ☐ ft max depth
dive time to date

☐ boat ☐ day
☐ shore ☐ night

current ☐☐☐☐☐
waves ☐☐☐☐☐

NOTES

dive center stamp

☐ instructor ☐ ai/dm ☐ buddy

dive no.	location
date	dive site

In _____ ☐ bar ☐ psi
Out _____
☐ steel ☐ aluminum

☐ kg ☐ lbs _____
O2 %

☐ dry suit
☐ wetsuit _____ mm
☐ shorty

surface _____ ☐ °C ☐ °F
water _____

☐ gloves ☐ boots ☐ hood   ☐ salt ☐ fresh   visibility _____ ☐ m ☐ ft

time in   ___/___ min m/f safety stop   time out
☐ m ☐ ft avg depth   bottom time   ☐ m ☐ ft max depth   dive time to date

☐ boat ☐ day
☐ shore ☐ night

current ☐☐☐☐☐
waves ☐☐☐☐☐

NOTES _____

dive center stamp

☐ instructor ☐ ai/dm ☐ buddy

dive no.		location
date		dive site

In _____ ☐ bar ☐ psi
Out _____
☐ steel ☐ aluminum

☐ kg ☐ lbs _____

O² %

☐ dry suit
☐ wetsuit _____ mm
☐ shorty

surface _____ ☐ °C ☐ °F
water _____

☐ gloves ☐ boots ☐ hood ☐ salt ☐ fresh visibility _____ ☐ m ☐ ft

time in _____
_____ / _____ safety stop
min m/f
time out _____

☐ m ☐ ft
avg depth _____
bottom time _____
☐ m ☐ ft
max depth _____
dive time to date _____

☐ ☀ ☐ 🌙 ☐ ☁ ☐ 🌧
☐ boat ☐ day
☐ shore ☐ night
current ☐☐☐☐☐
waves ☐☐☐☐☐

NOTES _____

_____

_____

_____

_____

_____

_____

_____

dive center stamp

☐ instructor ☐ ai/dm ☐ buddy

dive no.		location
date		dive site

In _____ ☐ bar ☐ psi ☐ steel ☐ aluminum ☐ kg ☐ lbs _____ O²% _____ ☐ dry suit ☐ wetsuit ☐ shorty _____ mm surface ☐ °C ☐ °F water

Out _____

☐ gloves ☐ boots ☐ hood   ☐ salt ☐ fresh   visibility _____ ☐ m ☐ ft

time in   ___ / ___ min m/f safety stop   time out

☐ m ☐ ft avg depth   bottom time   ☐ m ☐ ft max depth   dive time to date

☐ boat ☐ day ☐ shore ☐ night   current ☐☐☐☐☐ waves ☐☐☐☐☐

NOTES _____

dive center stamp   ☐ instructor ☐ ai/dm ☐ buddy

dive no.		location
date		dive site

In _____ ☐ bar ☐ psi
Out _____
☐ steel ☐ aluminum

☐ kg ☐ lbs _____

O^2 %

☐ dry suit
☐ wetsuit _____ mm
☐ shorty

surface ☐ °C ☐ °F
water

☐ gloves ☐ boots ☐ hood | ☐ salt ☐ fresh | visibility _____ ☐ m ☐ ft

time in | ___/___ min m/f safety stop | time out
☐ m ☐ ft avg depth | bottom time | ☐ m ☐ ft max depth | dive time to date

☐ boat ☐ day
☐ shore ☐ night

current ☐☐☐☐☐
waves ☐☐☐☐☐

NOTES _____

dive center stamp | ☐ instructor ☐ ai/dm ☐ buddy

dive no.	location
date	dive site

In _____ ☐ bar ☐ psi
Out _____
☐ steel ☐ aluminum

☐ kg ☐ lbs _____

O^2 %

☐ dry suit
☐ wetsuit _____ mm
☐ shorty

surface _____ ☐ °C ☐ °F
water _____

☐ gloves ☐ boots ☐ hood   ☐ salt ☐ fresh   visibility _____ ☐ m ☐ ft

time in _____
_____ min / _____ m/f safety stop
time out _____

avg depth _____ ☐ m ☐ ft
bottom time _____
max depth _____ ☐ m ☐ ft
dive time to date _____

☐ ☀ ☐ ⛅ ☐ ☁ ☐ 🌧
☐ boat ☐ day
☐ shore ☐ night
current ☐☐☐☐☐
waves ☐☐☐☐☐

NOTES

dive center stamp

☐ instructor ☐ ai/dm ☐ buddy

dive no.	location
date	dive site

In _____ ☐ bar / ☐ psi
Out _____
☐ steel ☐ aluminum

☐ kg / ☐ lbs _____

O² %

☐ dry suit
☐ wetsuit _____ mm
☐ shorty

surface _____ ☐ °C / ☐ °F
water _____

☐ gloves ☐ boots ☐ hood | ☐ salt ☐ fresh | visibility _____ ☐ m ☐ ft

time in | ___ / ___ min m/f safety stop | time out
☐ m ☐ ft avg depth | bottom time | ☐ m ☐ ft max depth | dive time to date

☐ ☀ ☐ 🌤 ☐ ☁ ☐ 🌧 | ☐ boat ☐ day / ☐ shore ☐ night | current ☐☐☐☐☐ / waves ☐☐☐☐☐

NOTES _____

dive center stamp | ☐ instructor ☐ ai/dm ☐ buddy

dive no.		location
date		dive site

In _____ ☐ bar ☐ psi
Out _____
☐ steel ☐ aluminum

☐ kg ☐ lbs _____

O² % _____

☐ dry suit
☐ wetsuit _____ mm
☐ shorty

surface _____ ☐ °C ☐ °F
water _____

☐ gloves ☐ boots ☐ hood   ☐ salt ☐ fresh   visibility _____ ☐ m ☐ ft

time in   ___ min ___ m/f safety stop   time out

☐ m ☐ ft avg depth   bottom time   ☐ m ☐ ft max depth   dive time to date

☐ boat ☐ day
☐ shore ☐ night

current ☐☐☐☐☐
waves ☐☐☐☐☐

NOTES

_____
_____
_____
_____
_____
_____
_____
_____

dive center stamp

☐ instructor ☐ ai/dm ☐ buddy

dive no.			location
date			dive site

In _____ ☐ bar ☐ psi ☐ kg ☐ lbs _____ ☐ dry suit ☐ wetsuit ☐ shorty _____ mm surface _____ ☐ °C ☐ °F
Out _____
☐ steel ☐ aluminum   O₂ %   water _____

☐ gloves ☐ boots ☐ hood   ☐ salt ☐ fresh   visibility _____ ☐ m ☐ ft

time in   ___ / ___ min   m/f safety stop   time out

☐ m ☐ ft avg depth   bottom time   ☐ m ☐ ft max depth   dive time to date

☀ 🌤 ☁ 🌧   ☐ boat ☐ day ☐ shore ☐ night   current ☐☐☐☐☐ waves ☐☐☐☐☐

NOTES _____

dive center stamp   ☐ instructor ☐ ai/dm ☐ buddy

dive no.	location
date	dive site

In _____ ☐ bar ☐ psi
Out _____
☐ steel ☐ aluminum

☐ kg ☐ lbs _____

O² %

☐ dry suit
☐ wetsuit _____ mm
☐ shorty

surface ☐ °C ☐ °F
water

☐ gloves ☐ boots ☐ hood ☐ salt ☐ fresh visibility _____ ☐ m ☐ ft

time in | ___ / ___ min m/f safety stop | time out
avg depth ☐ m ☐ ft | bottom time | max depth ☐ m ☐ ft | dive time to date

☐ boat ☐ day
☐ shore ☐ night

current ☐ ☐ ☐ ☐ ☐
waves ☐ ☐ ☐ ☐ ☐

NOTES

dive center stamp | ☐ instructor ☐ ai/dm ☐ buddy

dive no.	location
date	dive site

- In _____ ☐ bar ☐ psi
- Out _____
- ☐ steel ☐ aluminum
- ☐ kg ☐ lbs _____
- O2 %
- ☐ dry suit
- ☐ wetsuit _____ mm
- ☐ shorty
- surface ☐ °C ☐ °F
- water

☐ gloves ☐ boots ☐ hood | ☐ salt ☐ fresh | visibility _____ ☐ m ☐ ft

- time in
- ___ / ___ min m/f safety stop
- time out
- ☐ m ☐ ft avg depth
- bottom time
- ☐ m ☐ ft max depth
- dive time to date

☐ boat ☐ day ☐ shore ☐ night

current ☐☐☐☐☐
waves ☐☐☐☐☐

NOTES _____

dive center stamp

☐ instructor ☐ ai/dm ☐ buddy

dive no.		location
date		dive site

In _____ ☐ bar ☐ psi
Out _____
☐ steel ☐ aluminum

☐ kg ☐ lbs _____

O² %

☐ dry suit
☐ wetsuit _____ mm
☐ shorty

surface ☐ °C ☐ °F
water

☐ gloves ☐ boots ☐ hood   ☐ salt ☐ fresh   visibility _____ ☐ m ☐ ft

time in
___ / ___ min / m/f safety stop
time out
avg depth ☐ m ☐ ft
bottom time
max depth ☐ m ☐ ft
dive time to date

☀ 🌤 ☁ 🌧
☐ ☐ ☐ ☐

☐ boat ☐ day
☐ shore ☐ night

current ☐☐☐☐☐
waves ☐☐☐☐☐

NOTES

___

dive center stamp

☐ instructor ☐ ai/dm ☐ buddy

dive no.	location
date	dive site

In _____ ☐ bar ☐ psi
Out _____
☐ steel ☐ aluminum

☐ kg ☐ lbs _____

O² % _____

☐ dry suit
☐ wetsuit _____ mm
☐ shorty

surface _____ ☐ °C ☐ °F
water _____

☐ gloves ☐ boots ☐ hood | ☐ salt ☐ fresh | visibility _____ ☐ m ☐ ft

time in _____
___ / ___ min m/f safety stop
time out _____

avg depth _____ ☐ m ☐ ft
bottom time _____
max depth _____ ☐ m ☐ ft
dive time to date _____

☐ ☀ ☐ ⛅ ☐ ☁ ☐ 🌧 | ☐ boat ☐ day ☐ shore ☐ night | current ☐☐☐☐☐
waves ☐☐☐☐☐

NOTES

_____

_____

_____

_____

_____

_____

_____

_____

dive center stamp | ☐ instructor ☐ ai/dm ☐ buddy

dive no.	location
date	dive site

In _____ ☐ bar ☐ psi
Out _____
☐ steel ☐ aluminum

☐ kg ☐ lbs _____

O2 %

☐ dry suit
☐ wetsuit _____ mm
☐ shorty

surface ☐ °C ☐ °F
water

☐ gloves ☐ boots ☐ hood ☐ salt ☐ fresh visibility _____ ☐ m ☐ ft

time in | min / m/f safety stop | time out
avg depth ☐ m ☐ ft | bottom time | max depth ☐ m ☐ ft | dive time to date

☐ ☀ ☐ 🌤 ☐ ☁ ☐ 🌧   ☐ boat ☐ day   ☐ shore ☐ night

current ☐ ☐ ☐ ☐ ☐
waves ☐ ☐ ☐ ☐ ☐

NOTES

dive center stamp

☐ instructor ☐ ai/dm ☐ buddy

dive no.		location
date		dive site

In _____ ☐ bar ☐ psi
Out _____
☐ steel ☐ aluminum

☐ kg ☐ lbs _____

O² % _____

☐ dry suit
☐ wetsuit _____ mm
☐ shorty

surface _____ ☐ °C ☐ °F
water _____

☐ gloves ☐ boots ☐ hood | ☐ salt ☐ fresh | visibility _____ ☐ m ☐ ft

time in | ___/___ min m/f safety stop | time out
☐ m ☐ ft avg depth | bottom time | ☐ m ☐ ft max depth | dive time to date

☀ 🌤 ☁ 🌧
☐ ☐ ☐ ☐

☐ boat ☐ day
☐ shore ☐ night

current ☐☐☐☐☐
waves ☐☐☐☐☐

NOTES _____

dive center stamp | ☐ instructor ☐ ai/dm ☐ buddy

dive no.		location
date		dive site

In _____ ☐ bar ☐ psi
Out _____
☐ steel ☐ aluminum

☐ kg ☐ lbs _____

O² % _____

☐ dry suit
☐ wetsuit _____ mm
☐ shorty

surface _____ ☐ °C ☐ °F
water _____

☐ gloves ☐ boots ☐ hood   ☐ salt ☐ fresh   visibility _____ ☐ m ☐ ft

time in _____
min _____ / m/f _____ safety stop
time out _____
☐ m ☐ ft avg depth
bottom time _____
☐ m ☐ ft max depth
dive time to date _____

☐ ☀ ☐ 🌙 ☐ ☁ ☐ 🌧   ☐ boat ☐ day   ☐ shore ☐ night   current ☐☐☐☐☐   waves ☐☐☐☐☐

NOTES

_____

_____

_____

_____

_____

_____

_____

_____

dive center stamp

☐ instructor ☐ ai/dm ☐ buddy

	dive no.		location
	date		dive site

In _____ ☐ bar ☐ psi
Out _____
☐ steel ☐ aluminum

☐ kg ☐ lbs _____

O^2 %

☐ dry suit
☐ wetsuit _____ mm
☐ shorty

surface ☐ °C ☐ °F
water

☐ gloves ☐ boots ☐ hood | ☐ salt ☐ fresh | visibility _____ ☐ m ☐ ft

time in | safety stop _____ / _____ min m/f | time out

☐ m ☐ ft avg depth | bottom time | ☐ m ☐ ft max depth | dive time to date

☐ ☀ ☐ ⛅ ☐ ☁ ☐ 🌧 | ☐ boat ☐ day ☐ shore ☐ night | current ☐☐☐☐☐ waves ☐☐☐☐☐

NOTES _____

dive center stamp | ☐ instructor ☐ ai/dm ☐ buddy

dive no.		location
date		dive site

In _____ ☐ bar ☐ psi
Out _____
☐ steel ☐ aluminum

☐ kg ☐ lbs _____

O^2 %

☐ dry suit
☐ wetsuit _____ mm
☐ shorty

surface ☐ °C ☐ °F
water

☐ gloves ☐ boots ☐ hood ☐ salt ☐ fresh visibility _____ ☐ m ☐ ft

time in | _____ / _____ min m/f safety stop | time out
avg depth ☐ m ☐ ft | bottom time | max depth ☐ m ☐ ft | dive time to date

☐ ☀ ☐ 🌙 ☐ ☁ ☐ 🌧 | ☐ boat ☐ day ☐ shore ☐ night | current ☐☐☐☐☐ waves ☐☐☐☐☐

NOTES

_____
_____
_____
_____
_____
_____
_____
_____

dive center stamp | ☐ instructor ☐ ai/dm ☐ buddy

dive no.	location
date	dive site

In _____ ☐ bar ☐ psi
Out _____
☐ steel ☐ aluminum

☐ kg ☐ lbs _____

O² % _____

☐ dry suit
☐ wetsuit _____ mm
☐ shorty

surface _____ ☐ °C ☐ °F
water _____

☐ gloves ☐ boots ☐ hood | ☐ salt ☐ fresh | visibility _____ ☐ m ☐ ft

time in | ___ / ___ safety stop min m/f | time out
☐ m ☐ ft avg depth | bottom time | ☐ m ☐ ft max depth | dive time to date

☐ ☐ ☐ ☐ | ☐ boat ☐ day ☐ shore ☐ night | current ☐☐☐☐☐
waves ☐☐☐☐☐

NOTES

_____
_____
_____
_____
_____
_____
_____
_____
_____

dive center stamp | ☐ instructor ☐ ai/dm ☐ buddy

dive no.		location
date		dive site

In _____ ☐ bar ☐ psi
Out _____
☐ steel ☐ aluminum

☐ kg ☐ lbs _____

O2 % _____

☐ dry suit
☐ wetsuit
☐ shorty _____ mm

surface _____ ☐ °C ☐ °F
water _____

☐ gloves ☐ boots ☐ hood   ☐ salt ☐ fresh   visibility _____ ☐ m ☐ ft

time in
_____ min / _____ m/f safety stop
time out

☐ m ☐ ft avg depth
bottom time
☐ m ☐ ft max depth
dive time to date

☐ ☀ ☐ 🌙 ☐ ☁ ☐ 🌧

☐ boat ☐ day
☐ shore ☐ night

current ☐☐☐☐☐
waves ☐☐☐☐☐

NOTES

_____

_____

_____

_____

_____

_____

_____

_____

dive center stamp

☐ instructor ☐ ai/dm ☐ buddy

dive no.		location
date		dive site

In _____ ☐ bar ☐ psi
Out _____
☐ steel ☐ aluminum

☐ kg ☐ lbs _____

O2 %

☐ dry suit
☐ wetsuit _____ mm
☐ shorty

surface _____ ☐ °C ☐ °F
water

☐ gloves ☐ boots ☐ hood   ☐ salt ☐ fresh   visibility _____ ☐ m ☐ ft

time in
___ / ___ safety stop
min   m/f
time out

☐ m ☐ ft
avg depth
bottom time
☐ m ☐ ft
max depth
dive time to date

☐ ☐ ☐ ☐ (weather)
☐ boat ☐ day
☐ shore ☐ night
current ☐☐☐☐☐
waves ☐☐☐☐☐

NOTES _____

_____

_____

_____

_____

_____

_____

_____

dive center stamp

☐ instructor ☐ ai/dm ☐ buddy

dive no.	location
date	dive site

In _____ ☐ bar ☐ psi
Out _____
☐ steel ☐ aluminum

☐ kg ☐ lbs _____

O² %

☐ dry suit
☐ wetsuit
☐ shorty _____ mm

surface ☐ °C ☐ °F
water

☐ gloves ☐ boots ☐ hood ☐ salt ☐ fresh visibility _____ ☐ m ☐ ft

time in | ___/___ min m/f safety stop | time out
avg depth ☐ m ☐ ft | bottom time | max depth ☐ m ☐ ft | dive time to date

☐ ☀ ☐ 🌤 ☐ ☁ ☐ 🌧
☐ boat ☐ day
☐ shore ☐ night
current ☐☐☐☐☐
waves ☐☐☐☐☐

NOTES

dive center stamp | ☐ instructor ☐ ai/dm ☐ buddy

	dive no.		location
	date		dive site

In _____ ☐ bar ☐ psi
Out _____
☐ steel ☐ aluminum

☐ kg ☐ lbs _____

O2 %

☐ dry suit
☐ wetsuit _____ mm
☐ shorty

surface ☐ °C ☐ °F
water

☐ gloves ☐ boots ☐ hood   ☐ salt ☐ fresh   visibility _____ ☐ m ☐ ft

time in
___ / ___ min m/f safety stop
time out

☐ m ☐ ft avg depth
bottom time
☐ m ☐ ft max depth
dive time to date

☐ ☀ ☐ 🌙 ☐ ☁ ☐ 🌧
☐ boat ☐ day
☐ shore ☐ night
current ☐☐☐☐☐
waves ☐☐☐☐☐

NOTES _____

dive center stamp

☐ instructor ☐ ai/dm ☐ buddy

dive no.	location
date	dive site

In _____ ☐ bar ☐ psi
Out _____
☐ steel ☐ aluminum

☐ kg ☐ lbs _____

O^2 %

☐ dry suit
☐ wetsuit ___ mm
☐ shorty

surface ☐ °C ☐ °F
water

☐ gloves ☐ boots ☐ hood   ☐ salt ☐ fresh   visibility _____ ☐ m ☐ ft

time in — min / m/f safety stop — time out
avg depth ☐ m ☐ ft — bottom time — max depth ☐ m ☐ ft — dive time to date

☐ boat ☐ day
☐ shore ☐ night

current ☐☐☐☐☐
waves ☐☐☐☐☐

NOTES

dive center stamp

☐ instructor ☐ ai/dm ☐ buddy

dive no.	location
date	dive site

In _____ ☐ bar ☐ psi
Out _____
☐ steel ☐ aluminum

☐ kg ☐ lbs _____

O^2 %

☐ dry suit
☐ wetsuit _____ mm
☐ shorty

surface _____ ☐ °C ☐ °F
water _____

☐ gloves ☐ boots ☐ hood | ☐ salt ☐ fresh | visibility _____ ☐ m ☐ ft

time in _____
___ / ___ safety stop
min   m/f
time out _____

avg depth _____ ☐ m ☐ ft
bottom time _____
max depth _____ ☐ m ☐ ft
dive time to date _____

☐ ☀ ☐ ⛅ ☐ ☁ ☐ 🌧 | ☐ boat ☐ day ☐ shore ☐ night | current ☐☐☐☐☐ waves ☐☐☐☐☐

NOTES

_____
_____
_____
_____
_____
_____
_____
_____
_____

dive center stamp | ☐ instructor ☐ ai/dm ☐ buddy

		dive no.		location
		date		dive site

In ____ ☐ bar ☐ psi
Out ____
☐ steel ☐ aluminum

☐ kg ☐ lbs ____

O₂ ____ %

☐ dry suit
☐ wetsuit ____ mm
☐ shorty

surface ____ ☐ °C ☐ °F
water ____

☐ gloves ☐ boots ☐ hood | ☐ salt ☐ fresh | visibility ____ ☐ m ☐ ft

time in ____
____ min / ____ m/f safety stop
time out ____
☐ m ☐ ft avg depth
bottom time ____
☐ m ☐ ft max depth
dive time to date ____

☐ ☀ ☐ 🌙 ☐ ☁ ☐ 🌧 | ☐ boat ☐ day ☐ shore ☐ night | current ☐☐☐☐☐ waves ☐☐☐☐☐

NOTES ____

dive center stamp | ☐ instructor ☐ ai/dm ☐ buddy

dive no.		location
date		dive site

In _____ ☐ bar ☐ psi
Out _____
☐ steel ☐ aluminum

☐ kg ☐ lbs _____

O² %

☐ dry suit
☐ wetsuit _____ mm
☐ shorty

surface ☐ °C ☐ °F
water

☐ gloves ☐ boots ☐ hood   ☐ salt ☐ fresh   visibility _____ ☐ m ☐ ft

time in | / safety stop min m/f | time out
avg depth ☐ m ☐ ft | bottom time | max depth ☐ m ☐ ft | dive time to date

☐ boat ☐ day
☐ shore ☐ night

current ☐☐☐☐☐
waves ☐☐☐☐☐

NOTES

dive center stamp | ☐ instructor ☐ ai/dm ☐ buddy

dive no.		location
date		dive site

In _____ ☐ bar ☐ psi
Out _____
☐ steel ☐ aluminum

☐ kg ☐ lbs _____

O² %

☐ dry suit ☐ wetsuit ☐ shorty _____ mm

surface ☐ °C ☐ °F
water

☐ gloves ☐ boots ☐ hood   ☐ salt ☐ fresh   visibility _____ ☐ m ☐ ft

time in
___ min / ___ m/f safety stop
time out

☐ m ☐ ft avg depth
bottom time
☐ m ☐ ft max depth
dive time to date

☐ boat ☐ day ☐ shore ☐ night

current ☐☐☐☐☐
waves ☐☐☐☐☐

NOTES

dive center stamp

☐ instructor ☐ ai/dm ☐ buddy

dive no.		location
date		dive site

In ____ ☐ bar ☐ psi ☐ kg ☐ lbs ____ O²% ____ ☐ dry suit ☐ wetsuit ☐ shorty ____ mm surface ☐ °C ☐ °F water
Out ____
☐ steel ☐ aluminum

☐ gloves ☐ boots ☐ hood   ☐ salt ☐ fresh   visibility ____ ☐ m ☐ ft

time in   ____ / ____ safety stop   time out
min   m/f

☐ m ☐ ft   bottom time   ☐ m ☐ ft   dive time to date
avg depth   max depth

☐ ☀ ☐ ⛅ ☐ ☁ ☐ 🌧   ☐ boat ☐ day ☐ shore ☐ night   current ☐☐☐☐☐
waves ☐☐☐☐☐

NOTES

___

___

___

___

___

___

___

___

dive center stamp   ☐ instructor ☐ ai/dm ☐ buddy

dive no.		location
date		dive site

In _____ ☐ bar ☐ psi
Out _____
☐ steel ☐ aluminum

☐ kg ☐ lbs _____

O² %

☐ dry suit
☐ wetsuit _____ mm
☐ shorty

surface ☐ °C ☐ °F
water

☐ gloves ☐ boots ☐ hood   ☐ salt ☐ fresh   visibility _____ ☐ m ☐ ft

time in   ___ / ___ min m/f safety stop   time out

☐ m ☐ ft avg depth   bottom time   ☐ m ☐ ft max depth   dive time to date

☐ boat ☐ day
☐ shore ☐ night

current ☐☐☐☐☐
waves ☐☐☐☐☐

NOTES

dive center stamp

☐ instructor ☐ ai/dm ☐ buddy

dive no.	location
date	dive site

In _____ ☐ bar ☐ psi
Out _____
☐ steel ☐ aluminum

☐ kg
☐ lbs _____

O^2 %

☐ dry suit
☐ wetsuit _____ mm
☐ shorty

surface _____ ☐ °C ☐ °F
water _____

☐ gloves ☐ boots ☐ hood ☐ salt ☐ fresh visibility _____ ☐ m ☐ ft

time in
___ / ___ safety stop
min   m/f
time out

☐ m ☐ ft
avg depth
bottom time
☐ m ☐ ft
max depth
dive time to date

☐ boat ☐ day
☐ shore ☐ night

current ☐☐☐☐☐
waves ☐☐☐☐☐

NOTES
_____
_____
_____
_____
_____
_____
_____
_____
_____

dive center stamp

☐ instructor ☐ ai/dm ☐ buddy

dive no.		location
date		dive site

In _____ ☐ bar ☐ psi
Out _____
☐ steel ☐ aluminum

☐ kg ☐ lbs _____

O^2 % _____

☐ dry suit
☐ wetsuit _____ mm
☐ shorty

surface ☐ °C ☐ °F
water

☐ gloves ☐ boots ☐ hood   ☐ salt ☐ fresh   visibility _____ ☐ m ☐ ft

time in
___ min / ___ m/f safety stop
time out

☐ m ☐ ft avg depth
bottom time
☐ m ☐ ft max depth
dive time to date

☐ ☐ ☐ ☐   ☐ boat ☐ day   ☐ shore ☐ night   current ☐☐☐☐☐
waves ☐☐☐☐☐

NOTES

---

dive center stamp

☐ instructor ☐ ai/dm ☐ buddy

dive no.	location
date	dive site

In _____ ☐ bar ☐ psi
Out _____
☐ steel ☐ aluminum

☐ kg ☐ lbs _____

O2 %

☐ dry suit
☐ wetsuit _____ mm
☐ shorty

surface _____ ☐ °C ☐ °F
water _____

☐ gloves ☐ boots ☐ hood ☐ salt ☐ fresh visibility _____ ☐ m ☐ ft

time in
_____ min / _____ m/f safety stop
time out
☐ m ☐ ft avg depth
bottom time
☐ m ☐ ft max depth
dive time to date

☐ ☐ ☐ ☐ (weather)
☐ boat ☐ day ☐ shore ☐ night
current ☐☐☐☐☐
waves ☐☐☐☐☐

NOTES

_____

dive center stamp

☐ instructor ☐ ai/dm ☐ buddy

dive no.	location
date	dive site

In ___ ☐ bar ☐ psi
Out ___
☐ steel ☐ aluminum

☐ kg ___ ☐ lbs ___

O2 ___ %

☐ dry suit
☐ wetsuit ___ mm
☐ shorty

surface ___ ☐ °C ☐ °F
water ___

☐ gloves ☐ boots ☐ hood   ☐ salt ☐ fresh   visibility ___ ☐ m ☐ ft

time in ___   ___ / ___ min m/f safety stop   time out ___

☐ m ☐ ft avg depth ___   bottom time ___   ☐ m ☐ ft max depth ___   dive time to date ___

☐ ☀ ☐ 🌙 ☐ ☁ ☐ 🌧   ☐ boat ☐ day ☐ shore ☐ night   current ☐☐☐☐☐   waves ☐☐☐☐☐

NOTES

___

dive center stamp | ☐ instructor ☐ ai/dm ☐ buddy

dive no.	location
date	dive site

In _____ ☐ bar ☐ psi
Out _____
☐ steel ☐ aluminum

☐ kg ☐ lbs _____

O2 %

☐ dry suit
☐ wetsuit _____ mm
☐ shorty

surface ☐ °C ☐ °F
water

☐ gloves ☐ boots ☐ hood   ☐ salt ☐ fresh   visibility _____ ☐ m ☐ ft

time in | min / m/f safety stop | time out
☐ m ☐ ft avg depth | bottom time | ☐ m ☐ ft max depth | dive time to date

☐ ☀ ☐ 🌤 ☐ ☁ ☐ 🌧   ☐ boat ☐ day ☐ shore ☐ night   current ☐☐☐☐☐   waves ☐☐☐☐☐

NOTES _____

dive center stamp | ☐ instructor ☐ ai/dm ☐ buddy

dive no.		location
date		dive site

In _____ ☐ bar ☐ psi
Out _____
☐ steel ☐ aluminum

☐ kg ☐ lbs _____

O² %

☐ dry suit
☐ wetsuit _____ mm
☐ shorty

surface ☐ °C ☐ °F
water

☐ gloves ☐ boots ☐ hood   ☐ salt ☐ fresh   visibility _____ ☐ m ☐ ft

time in   ___ / ___ safety stop (min / m/f)   time out

☐ m ☐ ft avg depth   bottom time   ☐ m ☐ ft max depth   dive time to date

☀ ⛅ ☁ 🌧
☐ ☐ ☐ ☐

☐ boat ☐ day
☐ shore ☐ night

current ☐☐☐☐☐
waves ☐☐☐☐☐

NOTES

---

dive center stamp

☐ instructor ☐ ai/dm ☐ buddy

dive no.		location
date		dive site

- In _____ ☐ bar ☐ psi
- Out _____
- ☐ steel ☐ aluminum
- ☐ kg ☐ lbs _____
- O₂ %
- ☐ dry suit
- ☐ wetsuit _____ mm
- ☐ shorty
- surface _____ ☐ °C ☐ °F
- water _____

☐ gloves ☐ boots ☐ hood | ☐ salt ☐ fresh | visibility _____ ☐ m ☐ ft

- time in
- ___ / ___ min m/f safety stop
- time out
- avg depth ☐ m ☐ ft
- bottom time
- max depth ☐ m ☐ ft
- dive time to date

☐ ☀ ☐ 🌤 ☐ ☁ ☐ 🌧 | ☐ boat ☐ day ☐ shore ☐ night | current ☐☐☐☐☐ waves ☐☐☐☐☐

NOTES

_____
_____
_____
_____
_____
_____
_____
_____
_____

dive center stamp | ☐ instructor ☐ ai/dm ☐ buddy

dive no.		location
date		dive site

In _____ ☐ bar ☐ psi
Out _____
☐ steel ☐ aluminum

☐ kg ☐ lbs _____

O^2 % _____

☐ dry suit
☐ wetsuit _____ mm
☐ shorty

surface _____ ☐ °C ☐ °F
water _____

☐ gloves ☐ boots ☐ hood | ☐ salt ☐ fresh | visibility _____ ☐ m ☐ ft

time in _____
_____ min / _____ m/f safety stop
time out _____

☐ m ☐ ft avg depth
bottom time _____
☐ m ☐ ft max depth
dive time to date

☐ ☀ ☐ 🌤 ☐ ☁ ☐ 🌧 | ☐ boat ☐ day ☐ shore ☐ night | current ☐☐☐☐☐ waves ☐☐☐☐☐

NOTES _____

dive center stamp

☐ instructor ☐ ai/dm ☐ buddy

	dive no.		location
	date		dive site

In _____ ☐ bar ☐ psi
Out _____
☐ steel ☐ aluminum

☐ kg ☐ lbs _____

O^2 %

☐ dry suit
☐ wetsuit ___ mm
☐ shorty

surface _____ ☐ °C ☐ °F
water _____

☐ gloves ☐ boots ☐ hood   ☐ salt ☐ fresh   visibility _____ ☐ m ☐ ft

time in   ___ / ___ min / m/f safety stop   time out

☐ m ☐ ft avg depth   bottom time   ☐ m ☐ ft max depth   dive time to date

☐ boat ☐ day
☐ shore ☐ night

current ☐☐☐☐☐
waves ☐☐☐☐☐

NOTES _____

dive center stamp

☐ instructor ☐ ai/dm ☐ buddy

dive no.		location
date		dive site

In ___ ☐ bar ☐ psi	☐ kg ☐ lbs ___	☐ dry suit		☐ °C ☐ °F
Out ___		☐ wetsuit ___ mm	surface ___	
☐ steel ☐ aluminum	O2 %	☐ shorty	water ___	

☐ gloves ☐ boots ☐ hood | ☐ salt ☐ fresh | visibility ___ ☐ m ☐ ft

time in	___ / ___ min / m/f safety stop	time out
☐ m ☐ ft avg depth	bottom time	☐ m ☐ ft max depth	dive time to date

---

☐ ☀ ☐ ☽ ☐ ☁ ☐ 🌧 | ☐ boat ☐ day ☐ shore ☐ night | current ☐☐☐☐☐ waves ☐☐☐☐☐

NOTES ___

dive center stamp | ☐ instructor ☐ ai/dm ☐ buddy

MY SCUBA WISH LIST

NOTES

NOTES

NOTES

NOTES

NOTES

NOTES

NOTES

We hope you enjoyed logging your dives in this logbook. Being dive enthousiasts ourselves, we tried to make this logbook as useful and easy to use as possible. If you have any suggestions for improvements, please let us know! Email us at **contact@scubaaroundtheworld.com**.

A review on Amazon would be highly appreciated!

Also check out our other logbooks:

Copyright 2021 © by ScubaAroundTheWorld
Cover design: ScubaAroundTheWorld

All rights reserved.
No part of this book may be used or reproduced in any manner whatsoever without the express written permission of the publisher, except for the use of brief quotations in a book review.

Printed in Great Britain
by Amazon